コロナはチャンス!

50歳からのチーズはここにあった!

小林敏之

Zoomでマイビジネスをつくる!

30日で180万円!

三楽舎

まえがき

人生100年時代と言われる今、私たちを取り巻く環境が様変わりしています。

早急にこれまでの人生設計とは、違う計画を立てなければなりません。

そこにきて、この新型コロナウィルスで激震が走りました。

仕事を取り巻く環境も変わり、リモートで自宅から仕事をするという大きな変化があります。

しかし、急な変化はなかなか受け入れることが難しく、未來に不安を抱え困り果てている人も多くいます。

年　月　日(　)

あなたのものがたりを
書き始めてください

そこで、本書では、この変化の時代に何をしていけば良いのか？

そのためには、どんなことが必要になるのかを伝えています。

この時代の変化のなかで定年を迎えることには不安がつきまといます。

定年後から、30年以上の人生をどう生きていけば良いのか？

多くの方が、行き先を見つけられずにいます。

20年前に出ました『チーズはどこへ消えた？』というベストセラーが、今また読まれているそうですが、それは行き先をみつけられない人が、いかに多いのかを物語っています。

ご存じない方のためにストーリーをカンタンにご紹介します。

年　　月　　日（　　）

それまで毎日、当たり前のようにあったチーズがある日突然、無くなってしまうという物語です。登場するのは二人の小人と二匹のネズミですが、それぞれの対処の仕方が違っているのですが、いずれにしても、チーズが消えたことは今のわたしたちにとっても大変な死活問題なのです。

時代はある時を境に急激に変化をします。

私たちは、まさにチーズが無くなってしまった二人の小人と二匹のネズミそのものなのです。

この急に無くなったチーズ、いったいどうすればいいのでしょうか?

二匹のネズミと一人の小人はあちこち知らない場所に出かけていって探し回るのですが、なかなか見つからないのです。

そういう意味で、本書は『チーズはどこへ消えた?』

年　月　日（　）

に対する〝アンサーブック〟ともいえましょう。

なぜなら、「チーズを探す」というプロセスをみなさんに代わって、私たちが探し回った結果、見つけたチーズの場所をお教えする本だからなのです。

あなたは、少なくとも「何をやればいいか（チーズのありか）」がわかるので、こうした徒労の時間や手間を節約することができるでしょう。

30日で１８０万円という数字は、実際に、われわれが実践してＺＯＯＭで稼いだという成果であり、あなたにとってひとつの参考になるはずです。しかも、この情報は世の中に広まっていません。

そして、２つ目は、心の在り方です。

年　月　日（　）

いくらノウハウをため込み、スキルを習得したとしても、肝心のハートがびくびくとしていて、初めの一歩を踏み出せないでいる限り、何も変わることはできません。

アタマではわかったけれど、心がついていかない。

心が伴わないとどうなるでしょう?

そうです、結局、行動につながらないのです。

ノウハウはわかった、でも、心がこわいこわいとブレーキを踏んでいたら、結局ブレーキがかかったままなのです。そういう意味で、正しい情報と心は両方が合わさり、はじめて行動が生まれて、現実が変わっていくのです。

これからの第二の人生で、自分のビジネスを立ち上げ、自分の人生を自分の手で拓いていくためのヒントとなる「心のための書き込みワーク」を用意しました。

書き込みは、直感で感じたことを書いてください。

年　　月　　日(　　)

正解はこれからうまれていきますので、楽しんで書き込んでいただきながら、アタマと心が変化をして、あなたのなかに何かが生まれてくることを期待しています。

人は、50歳を超える頃になると、見た目の年齢が人によってかなり変わってきます。

年相応の人、老け込んでしまう人、年よりも10歳くらい若く見える人。

その違いは、自分の在り方です。

もう自分は〇〇歳だからと、年齢を受け容れてしまい、毎日毎日がただただ過ぎていく生活をしていれば、一気に老け込みます。

せっかくの人生です。

年　　月　　日(　　)

あなたが、自分が本当にやりたかったこと、やるべきこと、できることを、見つけてぜひ世の中に発信して、充実の第二の人生を過ごしてほしいのです。
何か見えない力がはたらいて、わたしたちの生活を違う形へと促されているような今を、チャンスと捉えて進んでいきましょう。

あなたのこれからの人生が最高に輝けますように。

著者

※参考文献　スペンサー・ジョンソン『チーズはどこへ消えた』（扶桑社）

年　月　日（　）

本書の使い方

この本は書き込み式です。

「読む」だけでなく「書く」本です。

本文中にあなたに質問が出てきます。

質問は、１問１～２分でできますので記入してみてください。書いたつもりではいけません。

アタマで思うだけではなく、実際に手を使って書くことで、成果をあげることができます。

そして、各ページの下に、日々のあなた自身のものがたりを記入する欄があります。日付と曜日を記入して、気づき、アイデア、内容は何でもあなたの自由ですので、自分のペースで書いてみてください。アウトプットのスタートです。

本書では、あなたが知識を得ながらも随所のページでの「書く」ということで、自分が動くことの重要さを心が気づいていき、あなたが「主役」になっていくように作っています。

これにより、あなたはただ「読む」だけでは起きてこない「決意」がめばえてくるようになっています。

目次

第5章　ＺＯＯＭ起業で社長になる！……161

変化の時代が始まる

第1章

浮かんだことを書いてみましょう

あなたは
ここまでの人生
予定どおり
でしたか？

人生百年時代へ

日本人の寿命が伸びている。

明治や大正時代、男性の寿命は42歳から43歳程度でほとんど変化がない。急激に伸び出すのは第二次世界大戦後のことで、1947（昭和22）年で50歳、これが1951（昭和26）年に60歳になり、1971（昭和46）年には70才。80歳を超えたのは2013（平成25）年、厚生労働省のまとめ（2019年簡易生命表）によると2019（令和元）年の男性は81歳、女性は87歳となっている。

医療の技術や制度、社会環境と人々の意識の変革が、

年　月　日（　）

この高寿命化を進展させているようだ。

この数字は順調に伸びていくと予想され、人生百年時代が眼前に訪れている。

もちろん、寿命が伸びるのは悪いことではない。むしろ喜ばしいことであるが、問題は、多くの人がここまで伸びることを予想していなかったことである。


ほとんどの人が60歳ぐらいで定年を迎え、後は余生が始まり、旅行や釣りなどの趣味に生きることができると、ぼんやり考えていたのである。

ところが人生百年時代になると、定年後に残された時間が40年にも及ぶ。

20歳ごろから働いてきたとして、60歳で40年間働いてきており、この後１００歳まで生きるとすれば同じ40年間も残されていることになる。

年　　月　　日（　　）

この40年間を余生と呼ぶにはあまりにも長い。趣味や孫相手に遊ぶには、途方に暮れるほど長いのである。

60歳はターニングポイントにすぎない。60歳以降は余生ではなく、折り返した後半の人生である。第二の人生といってもいい。

これから続く人生をいかにいきいきと生きるか？

今はマイナス10歳といわれるほど、みんな若い。50で昔の40、人によっては30代後半の感覚の人もいる。60歳でも若々しい人も多くいる。

経済的な面だけでなく、心身ともに60歳は、現役でいなければならなくなった。

人によっては、まだ子どもの教育費がかかる人もいれば、親の介護でお金が必要になってくるケースもある。

ゆっくり過ごすには、まだ早すぎるのだ。しかし、世の中の仕組みは、そうできていない。そのために、多く

年　　月　　日（　　）

の人が、会社から離れて、さあ、これからどうしたら良いのかということになる。どの方面から見ても、仕事をすることは不可欠である。

なにより、まだまだ外見も内面も若くありたいものだ。

では、どうやって第二の人生を輝かせるかについて順を追って伝えていきたい。

年　　月　　日（　　）

浮かんだことを書いてみましょう

～自分に約束する
言葉を書きましょう～

今から
準備するべきこと
は何ですか？

浮かんだことを書いてみましょう

60 歳以降の人生設計はありますか？

年金制度の崩壊

人生百年時代を迎えて、大きな課題となるのが後半人生の資金繰りである。

現在まで老後を支える代表的な資金は年金であった。若い世代が老年層を支えるのである。

ところが、日本人の人口構成がこれを許さなくなっている。多くの若者たちがいる前提で年金が発想されたが、現状は老人の方が圧倒的に多くなっている。

人口構成というのは「人口ピラミッド」と呼ばれるように、底辺層が多く、徐々に少なくなって、てっぺんになって0となる。まさにピラミッドであり富士山のよう

年　　月　　日（　　）

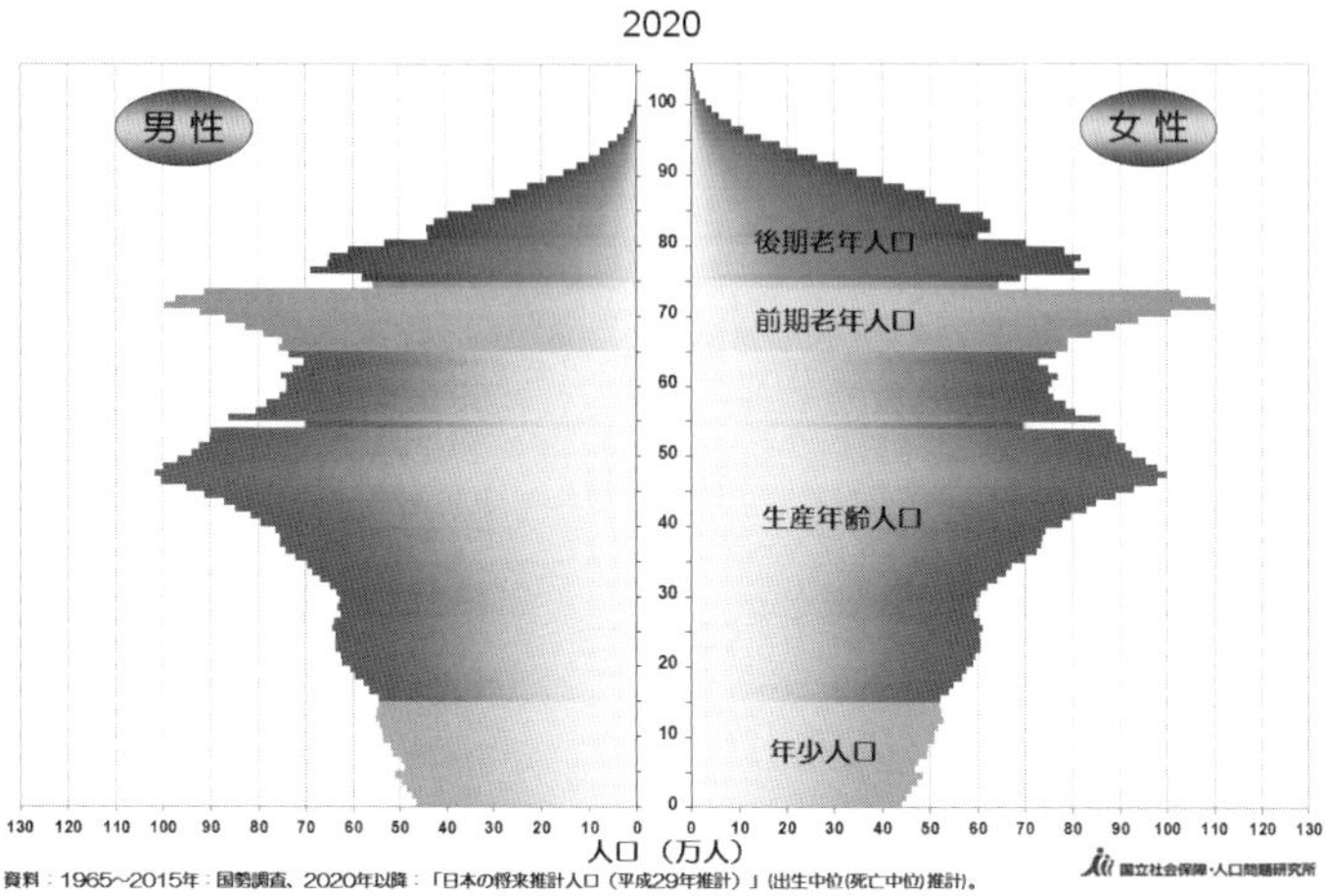

資料：1965~2015年：国勢調査、2020年以降：「日本の将来推計人口（平成29年推計）」(出生中位(死亡中位)推計)。　国立社会保障・人口問題研究所

年　　月　　日（　　）

な三角形の形を想定していた。しかし、現在の日本は極めていびつな形をしている。

多いのが70歳前後の老人、1947（昭和22）年〜1949（昭和24）年生まれで、これが第一次ベビーブームの方々である。団塊の世代とも呼ばれる。戦争直後に生まれ、この人たちが汗水流して、戦後日本の経済成長を支えてきた。

次が1971（昭和46）年から1974（昭和49）年生まれの第二次ベビーブームの人たちである。団塊の世代の子どもたちで、40歳から50歳ぐらいとなっている。

本来ならこの第2次ベビーブーマーが子供を産んで第三次ベビーブームを形作るはずであったが、折り悪く平成のバブル崩壊、失われた10年と重なって、第三次ベビーブームが発生しなかった。就職や結婚することができない人が多く、第2次ベビーブーマー以降の人口は徐々

年　　月　　日（　　）

に少なくなっている。

このいびつな人口構成の直撃を受けているのが、年金制度だ。

現在の年金制度のベースのできあがったのが1954（昭和29）年の厚生年金保険法の改正からである。男性が60歳から支給され、女性が55歳から支給されることになった。

この年は日本の高度成長期直前であり、この2年後の1956（昭和31）年の経済白書では「もはや戦後ではない」と謳われている。

日本人の全員が参加する制度となったのは、1961（昭和36）年からである。このころが日本は、高度成長期の真っただ中であり、池田内閣が所得倍増計画に着手している。日本の未来はバラ色であった。

年　月　日（　）

ところが、昭和が終わり平成になると、日本の景気は極端に悪化し、人口ピラミッドもいびつな形を見せるようになる。

そこで、2000（平成12）年から支給開始年齢を引上げ、段階的に60歳から65歳の支給となっていく。

65歳への引き上げに応じて企業には65歳までの雇用延長が義務付けられることになる。60歳を定年とするのであるが、65歳まで社員の希望によって在職できる制度を設けたのである。ほとんどの企業は60歳を境に大幅に減給されるのだが、退職金を受け取ることで、年金を受ける65歳まで生活できるようにしているわけだ。

さらにはその年金支給を70歳、さらには75歳にしようと年金改正法が検討されている。

年　月　日（　）

年　　月　　日（　　）

浮かんだことを書いてみましょう

～自分に約束する言葉を書きましょう～

60歳以降の人生を充実させるための行動

浮かんだことを書いてみましょう

仕事を生きがいと思いますか？

終身雇用制度の崩壊

定年延長に触れたことに加え、企業の終身雇用と年功序列についても触れておきたい。

終身雇用とは社員が死ぬまで雇用を保障するということである。明治や大正のころ寿命が42歳だったとすれば、55歳の定年は寿命より10年以上も長く、これは終身雇用といえるかもしれない。

しかし、日本人の寿命はどんどん伸びて、定年をはるかに超え、55歳や60歳で終身雇用というのは意味が通じなくなっている。今では定められた定年まで雇用を保障するという暗黙の了解となっている。

年　月　日（　）

定年という概念も第二次世界大戦後にできたもので、それまでは年期明けまで止めさせないという「足止め策」があった程である。いわゆる「辞めさせない」という縛りである。

この縛りが戦後禁止され、当初は55歳になったら辞めることが可能になった。ところが、日本人の寿命が伸びたことから社員の「辞めていい権利」が、企業の「辞めさせていい権利」に変わってしまったのである。皮肉な話である。

それでも、高度経済成長期のころまでは、企業は安定した労働力を確保するために、定年制を設定し、それまでは社員としての身分を保障していた。

加えて独身寮や社員寮を確保し、結婚相手も社内で見

年　　月　　日(　　)

つけることが容易であった。男性社員は後顧《こうこ》の憂いなく、猛烈に仕事に打ち込むことができた。会社からの異動命令も拒むことなく、全国さらには世界を転々としながら仕事に邁進した。このような仕組みが高度経済成長の原動力となったのである。

毎年ほぼ一定のベースアップが約束されて、年功序列により勤続年数で給料もほぼ決まっていた。

これら日本独特の仕組みにひびが入ったのは、やはり平成のバブル崩壊であった。社員への給料の支払いも定期的なベースアップも困難になってしまった。企業はもちろん社会全体に成長が止まってしまったのである。

ここで打ち出されたのが成果主義であった。

社員の在籍年数や職種に関わりなく、打ち出した結果

年　　月　　日（　　）

に賃金を支払うというものである。活気ある会社を作るものであると経営側は主張した。しかし何のことはない。先立つもの、すなわち儲けがなくなったからに過ぎない。

リストラも横行した。とりわけビジネスの最前線に立てなくなった50代の壮年の社員がリストラの対象となった。

早期退職という名の下で、退職金を多めに積み立てて、何人もの社員が会社を去ることになった。早期退職は令和になった現在でも盛んに行われている。

経団連の中西宏明会長は２０１９（令和元）年「企業が終身雇用を続けていくのは難しい」と言及している。

年　　月　　日（　　）

浮かんだことを書いてみましょう

～自分に約束する言葉を書きましょう～

会社以外の人生を充実させるために始めること

浮かんだことを書いてみましょう

どんなときに「ああこんなはずではなかった」と思いますか？

避けられない人生設計の再計画

すでに退職後の老後は余生ではなく、折り返しの第二の人生となってしまった。働いてきた今までと同じ40年間という長い時間が洋々と横たわっているのである。

寿命が伸びたにもかかわらず企業の定年は延びることはない。頼りの年金の支払いも延びている。

寿命の伸びに企業も社会制度も追いついてはいない。

私の母親は90歳を過ぎているが、「まさかこんな長生きするとは思わなかった」とため息をついている。ぼんやりと予想していた老後とは大きく異なる現実にさらされている。

年　　月　　日（　　）

我々は社会に出るために10年以上の学習期間を経ている。学校でいえば9年の義務教育と高校・大学の7年で、合わせて16年間。同じだけの学習時間が必要とはいわないが、第二の人生に歩み出すための学習期間あるいは助走時間は必須である。いきなり放り出されても、途方に暮れるのである。

残りの人生の資金を得るための新たな仕事探し、そのための教育が求められる。我々は頭を切り替え、可能な限り早急に第二の人生設計の再計画と、再就職のための学習にとりかからなければならない。

しかし、今さら資格取得も何を選べばいいのかわからない。

人によってはまだまだ子どもの教育費もかかる人もいる。

年　月　日（　）

あと10年働かないとならない人も多いであろう。

また、老後の資金は安泰という人がいたとしても、何もしなくなったらば本当に老け込んでしまう。

実際に、郷里の高校時代の同窓会で驚いたことがあった。

久しぶりのことだから、出席の返事を出して、楽しみに参加してみようと出かけて行った。しかし、そこに顔を出して驚いた。会場を間違えたかと思ったほど、年寄りばかりだったのだ。「おじいさん」と「おばあさん」ばかりいる。何ごとかと思った。

定年を迎え、やることがないと、ここまで人間は老け込むのかと痛切に感じた。

老後も自分を輝かせるものを持たなければならない。何もない田舎にいて、仕事もしていないでいると、人間は見事に老け込んでしまうとつくづく実感して帰ってき

年　　月　　日（　　）

た。

人生百年時代の今、仕事がなく老けていくばかりであったら、これほどつまらないことはない。

生きがいを持つべきだ。そしてその生きがいでお金も稼ぎたいものだ。

本書は、そういったことに対応する働き方を提唱するものである。

次の章から具体的に何をすべきかを書いていこう。

年 月 日( )

浮かんだことを書いてみましょう

～自分に約束する
言葉を書きましょう～

いつまでも
若々しくいるため
にやること

変化に気づいて「茹でガエル」にならない生き方

第2章

浮かんだことを書いてみましょう

どんなときに
世の中の変化を
感じますか？

茹でガエルになってはいけない

「茹でガエル現象」というのがある。

カエルをいきなり熱湯に入れると、驚いてお湯から飛び出てしまう。しかし、冷たい水から火を入れ、少しずつ熱くしていく。カエルはその変化に気づかず、茹でられて、やがて死んでしまう。「茹でガエルの法則」とも呼ばれる。

これは時代や環境の変化に気づかずに死んでしまうという警告でもある。

今はその変化のときである。変化に気づかずにのんび

年　月　日（　）

りしていると、命を落としてしまうのである。ぜひ、この変化のただ中にいることを気づいて欲しい。

新型コロナによって、時代はいきなり変わっている。価値観が１８０度変わった激変のときである。

元に戻れると信じている人が多いことに驚く。ワクチンが行き渡ると、ビフォーコロナの時代に還れると思っているのである。

残念ながら絶対に元には戻らない。この変化に気づかない人は茹でガエルになってしまうと私は断言する。コロナは、今のわれわれの意識を変革させる力をもっている。

盤石といわれてきた大企業が、大きな赤字に苦しんでいるのをみても、価値観を変えていかないと、このコロナ禍の変化に飲み込まれてしまうことを理解していてほしい。

年　　月　　日（　　）

浮かんだことを書いてみましょう

～自分に約束する
言葉を書きましょう～

自分の生活の
なかで変化
させるべきこと

浮かんだことを書いてみましょう

時代の変化で
一番つらく
感じることは
何ですか？

時代に逆らっては生き残れない

出版に関わる身として、印刷の歴史と変遷を興味深く眺めている。

印刷は世界の三大発明の一つであり、それまでの情報の伝達方法を大きく変えた。ちなみに、三大発明の他の二つは火薬と羅針盤である。印刷も正確には活版印刷術のことで、それまでも印刷技術はあったが、木版などによる細々としたものであった。それがグーテンベルクにより、金属活字を利用した印刷技術が開発され、大量印刷が可能となったのである。

これまでと比較にならないほど書籍が簡単にできるよ

年　　月　　日（　　）

うになり、印刷が産業として世界に広がっていった。

情報が書籍によって伝播することで、宗教界で宗教改革につながった。教育や科学も革命的に向上していく。

活版印刷では、一字一字文字を拾って、一行を作って、これが並んで一頁になり、頁が重なって一冊の書籍を構成する。元は一つ鉛のハンコの活字であり、文字を拾って組んでいくのは大変な重労働であった。

この文字を拾う職種を植字工と呼び、腕がいいと一生食っていくことができた。そんな時代が500年ほど続いた。

ここに大きな革命が起きる。

写植（写真植字）が発明され、植字工を一掃してしまったのである。金属活字をフィルムにして、一覧から拾

年　月　日（　）

い出し、転写できるようにした。

500年も続いた活字拾いの仕事が、わずか20年でなくなってしまった。

とんでもない変化だった。植字工になれば一生食っていくことができるはずだったが、ガラガラと崩れていった。器用に電算写植に移ることができればいいが、できないものは路頭に迷うことになった。

ところが、時代の流れはこれだけではない。

天下を取ったかに見えた写植であったが、これもはかなく消えていく。

DTP（DeskTop Publishing：デスクトップパブリッシング）が現れて、瞬く間に写植を過去のものにした。DTPは版下作成自体を電子化し、印刷物の作成工程を一気に短縮化してしまった。

年　　月　　日（　　）

１９８０（昭和55）年代はＤＴＰの嵐が吹き荒れ、全盛を誇っていた写植オペレーターはまったくいなくなってしまった。ここでもＤＴＰオペレーターに切り替わることのできる柔軟な人間はいいが、写植にこだわっていた人や会社は軒並み整理されていった。

特にＤＴＰのためのアドビ社のInDesignなどが急速に普及し始めるとともに、印刷所の工程は大きく変わった。

ＤＴＰ以前の印刷までの作業工程は、デザイン、版下作成、製版がそれぞれの専門家に分業化されていたのがＤＴＰではこれらの作業をすべて１人で行うことが可能となった。

その頃、失業者で家にいることの多かった私の家にしょっちゅう新聞勧誘員が来た。

年　月　日（　）

ひどく疲れており、訊くと元は印刷所で働いていたのだが、工程がＤＴＰに切り換わり、それに対応できなかったのでクビになったという。元は腕がよかったと言っていた。「私は、あのＤＴＰというのがどうも好きになれない」とこぼしていた。仕事を失って、新聞の勧誘の歩合の営業マンをしていると言っていた。

時代の流れの非情を感じたものである。

時代の流れとはこのようなものである。

時代の流れに逆らって勝てるものはいない。好き嫌いでもこだわりの世界でもない。時代の流れを読んで、時代に即して変わっていかざるを得ない。

印刷の世界のそのほんの一例である。

年　月　日（　）

本書をご購入いただいた方へ特別プレゼント‼

他では教えていない
あなたの中に眠っている
お金に換わるノウハウを
扉の外に
出します。

それは、
たくさんの著者を出してきた
出版社だからこそ。

著者を育てるように
あなたのビジネスを育てます。

年　　月　　日（　　）

浮かんだことを書いてみましょう

～自分に約束する言葉を書きましょう～

気づいて修正をすべきこと

浮かんだことを書いてみましょう

新しい仕事をつかむためには何をすべきか

「ものづくり」の強すぎる成功体験

平成バブルの崩壊から日本は「失われた10年」に突入したといわれている。かつての繁栄を求めて、出口のないトンネルで、もがいているようなものである。

ところが、10年たっても出口は見えない。やがて「失われた20年」と呼ばれるようになって、今では「失われた30年」とさえ指摘されている。

これは、日本人がかつての成功体験を忘れることができないからではないかと、私は考えている。

かつての成功体験、それは「ものづくり」の成功だ。

年　月　日(　)

「ものづくり」の成功体験があまりに強烈であり、社会全体がその仕組みから脱却することができないのである。

「ものづくり」は規格化であり、一律化であり、大量生産である。規模の経済といってもいい。できるだけ大きな工場を建てて、規格化された商品を大量生産できる企業が勝利する。

ここにおいて個人の個性は完全に無視される。個性は邪魔であり、よけいなものはそぎ落として、命令一下、一心不乱に働くことが求められる。人間も工場においては設備の一つに過ぎない。

この考え方が営業にも経理にも総務にも反映され、効率化と生産性の向上が求められた。

これらものづくりの呪縛から日本は解放されることが

年　　月　　日（　　）

できないでいる。もとより、人は成功体験を一つしか持てないと指摘されている。一つしか持てない成功体験にしがみついてしまう。トレンディドラマで市場を制覇した経験を持つテレビ局が、その手法にしがみついて視聴率を急落させているようなものである。

その成功体験を持つ社員が経営層となり、同じ手法で夢よもう一度と考えている。逆にそのような成功体験のない、他のテレビ局が視聴率を伸ばしているのが現実だ。

一方アメリカはこの辺りが柔軟で、戦後は世界を制覇した製造業が日本に遅れをとると、やや足踏みしていたものの金融資本主義が台頭してきた。

今ではＩＴ産業が世界に君臨している。

アメリカはベンチャーを認める風土がある。出る釘を叩かないどころか、大金を投じて育てようとする。

年　　月　　日（　　）

日本はそうではない。大きな声で正論を言うと、たちまち追い出されてしまう。

年　月　日（　）

浮かんだことを書いてみましょう

～自分に約束する
言葉を書きましょう～

自分のなかにある
捨てるべき
古い考えとは？

第3章

コロナが
向かわせる方向

浮かんだことを書いてみましょう

コロナを通して
起きた変化は
あなたにとって
良いこと
悪いこと？

コロナの外圧

日本の姿勢をズタズタに引き裂いたのが新型コロナである。地に落ちるほど徹底的に叩きのめされた。

しかし、私は、コロナという禍がもたらす変化への導きを期待している。

コロナ禍が起きず、オリンピックに浮かれていたとしても、その先で待ち受けることは決して良いことばかりではなかったと思っている。

世界規模で起きたことは、変化していかなければならない時がきている警笛だと思うのである。

年　月　日（　）

「幸せは不幸の顔をしてやってくる」とよく言われる。これは真実だと私は確信している。悪い出来事から学ぶことは多い。不幸は自己の変革につながる。幸せの中で「変化」することはできない。生き残るための変化は、環境の悪化が必要なのである。

「陰極まれば陽に転じ、陽極まれば陰に転ず」という言葉もある。行き過ぎれば逆に転じる。陰も陽も長くそこに留まることなく、陰に入った時にいかに自分の内面を磨き、充実した日々を目指すかが大切となる。

不幸は幸せの入口だ。

コロナによる変化を嘆いてばかりいてはいけない。コロナの時代は私たちに「変化せよ」と教えているのである。この逆境の次に輝く未来が待っているのである。

年　月　日(　)

自殺など絶対にしないで堪えてほしいと思う。売上が減るかもしれない。長年勤めていた会社が倒産するかもしれない。せっかく入社した会社に半年でクビにされた新入社員もいる。

だが、悲嘆ばかりしてはいけない。これが変化のチャンスなのである。

あなたに非はない。これは大きな環境変化に過ぎない。

日本人は明治維新に見られるように、外圧がなければなかなか変わることができない。黒船を皮切りに、列強が日本に開国を求めて、徳川幕府が倒されて文明開化が始まった。

その次が第二次世界大戦である。敗戦によりそれまでの日本は木っ端みじんに破壊された。しかし、日本はG

年　月　日（　）

ＨＱの指示に従って生まれ変わり、経済成長を迎えることになる。

そして今がコロナ禍だ。一時的に不幸かもしれないが、日本はそれを乗り越え、呪縛から逃れて、大きな躍進につなげていく国である。

今回もそうであると私は確信している。楽しみでワクワクさえしているのである。

年　　月　　日（　　）

浮かんだことを書いてみましょう

～自分に約束する
言葉を書きましょう～

コロナを
きっかけに
変えていこうと
決めたこと

浮かんだことを書いてみましょう

コロナを通して
起きた変化は
あなたにとって
良いこと
悪いこと？

社会環境の激変で登場「ZOOM」

ビジネス環境に変革を与えている要因でもあるコロナ禍。あまりに急速で世界中のあらゆる人が逃れることが不可能な事態だ。

これにより、会社員は在宅勤務を余儀なくされ、多くの企業がオフィススペースを持て余すことになる。

寿命が伸びているにもかかわらず、企業も社会も制度やシステムがそれに追いついていない。漫然と放置してきたツケがじわじわと我々を締め付けている。

世界中を震撼させ、経済や社会のあり方を大きく塗り替えようとしている。

年　　月　　日（　　）

日本では第一波が２０２０年４月から６月、この間に緊急事態宣言が発令され、第二波が８月、第三波が11月とされている。

２０２０年は新型コロナに翻弄された年であった。日本だけではない世界中が新型コロナに襲われた。

新型コロナがサラリーマンに与えた最も大きな衝撃が「出社に及ばず」ということであった。

感染症は人と人との接触によって広がる。ところが、ビジネスは人と人のコミュニケーションによって成立するものである。一人で完結する仕事はそんなに多くはなく、ほとんどがプロジェクトやチーム、さらには組織という形態で遂行されている。社内では、同じ仕事をするチームが一定の空間を共有し、社外のスタッフとも定期的に会合を開いてコミュニケーションを密にしていた。

年　　月　　日（　　）

とりわけ営業担当にとっては、お客様と接触するのが仕事であり、その時間が長く利益の多い担当者が優秀とされていた。

ところが、コロナはこれを一変させた。人と会ってはならないというのである。

さらには出社に及ばずとさえ宣言された。

ここにおいて多くの社員が自宅での業務遂行を強制されることになる。リモートワークである。日本の企業も社員も、自宅にいながらどうやって円滑に仕事ができるか模索しなければならない時代となった。


これまで日本の会社は、どのようなことがあっても出社することを求めていた。

日本は世界にも希な自然災害大国である。年に数回はどこかで地震や火山の爆発があり。台風や大雨、大雪に

年　　月　　日（　　）

いたっては毎年のことだ。

その自然災害を前提として、いかに社員を出社させるかが課題とされていた。このため、複数の通勤経路を考えさせ、そのうちの一つが封鎖されても出社し、企業活動の継続できる体制を整えていたのである。

これに対し新型コロナは、コペルニクス的な企業活動の継続を求めた。出社することなく業務を継続できるシステムの構築を強いられたのである。いかにしてリモートワークを成立させるか……。

極めて困難と思われた命題であったが、いくつかのＩＴツールを組み合わせることでこれが可能となった。そのツールの一つがＺＯＯＭである。

年　　月　　日（　　）

浮かんだことを書いてみましょう

〜自分に約束する言葉を書きましょう〜

働く形の変化を受け容れるためには何をするか

起業で
員から
社長！

Zoom
雇われ
あなた

第4章

これからの人生で社長になる！

浮かんだことを書いてみましょう

自分のビジネスを作りたいですか？

恐怖感からの脱却

日本は教育制度の整った国である。ところが、この教育制度に問題がある。

日本で行われている教育は、最終的に産業界で役立つことを目的としている。規則に忠実に従い、教科書どおり動く、経団連にとって、都合のいい人間をつくろうとしているのである。

クラスには班があり、グループで働くように仕向けられる。指示は班長から出される。班はクラス委員の指示に従う。班長やクラス委員が中間管理職である。先生は

年　月　日(　)

管理職になる。さらに上の層となる副校長や校長は経営層である。

このような擬似的な企業構造で、集団活動において一糸乱れず行動できる訓練をしているのである。学校はサラリーマン養成所なのである。

先生の言われるがままに動く生徒は、優秀な社員である。覚えめでたく出世できるサラリーマンとなる。これに対し、先生の指示に疑問を呈したり、逆らって行動する生徒はワルということになる。非行少年のレッテルを貼られ、特別の指導がなされることになる。

枠にはめ、枠にはまる人間を養成している機関が学校である。

ところが、起業というのは正反対の文化である。

大勢が一糸乱れずワク通りに動くのではなく、個人が

年　月　日（　）

枠からはなれて一人で行う行為である。

さんざん学校というところで、枠やタガにはめて言う通りにやるサラリーマンを養成しておきながら、「日本は開業率が低い」と嘆いてみても、あとの祭りである。

いうなれば起業の多くは先生の指示に逆らう行為だ。クラスの団体行動から外れ、自分の思いどおりに動こうとする。これは社会にとって甚だしく迷惑な行為となることから、教育方針としては許されない。社会は金太郎飴のような人材を欲しているのであり、独立精神の持ち主は邪魔でしかない。

日本人の誰もが、このような教育を受けているのだから、起業に後ろめたさを感じるのは当然である。不安や恐怖感が湧いてしまう。何しろ、起業では自分がいきなり社長になり、方向を示してくれる先生（管理職）も校

年　月　日（　）

長先生（社長）も存在しない。教育のおかげで、私たちは知らず知らずのうちに、独立に恐怖感を覚えるようになる。羊の群れと同じだ。群れから離れると牧羊犬が追いかけてきて、吠え立てて群れに戻そうとする。

これで社会や企業が社員を一生面倒みてくれるのならいいが、時代は大きく変わった。経団連の中西宏明会長は２０１９（令和元）年「企業が終身雇用を続けていくのは難しい」と言っているのは前述のとおりだ。

必要なくなったサラリーマンはさっさと群れを離れて、自活して欲しいといっている。「これでは約束が違う」。サラリーマンは途方に暮れる。

ここで不可欠になってくるのが起業精神、起業マインドなのである。

年　　月　　日（　　）

浮かんだことを書いてみましょう

～自分に約束する言葉を書きましょう～

一匹オオカミになるには、これまでの何を捨てますか？

浮かんだことを書いてみましょう

起業に対して家族はどんな反応すると思いますか？

周囲の反対にくじけない

起業しようとすると、周囲の人間は必ず反対する。身近な人間にかぎって反対する。

リストラに遭い起業を決めた私の場合も、妻に猛烈に反対された。「お願いだから考え直して、まっとうな会社に再就職してほしい」と懇願されたのだ。当然である。起業の影響をかぶるのは身近な人間なのである。

友人に相談しても親身になってくれる人ほど反対するだろう。バカにするかもしれない。賛成するのは影響のない興味本位の人ばかりだ。

年　　月　　日（　　）

そもそも起業はお金がかかると刷り込まれている。お金の無心かもと、親兄弟や友人たちはいぶかしむ。たいていは立ち上げに数百万円かそれ以上の大金を要し、その回収に何年もかかると思われている。

それで失敗したらもう二度と陽の目をみることはできなくなる。夜逃げするなりして、起業の失敗を一生引きずって生きていくことになる……。

断言しよう！

もはやそんな時代ではなくなった。何度もいうように起業にかかる費用はＺＯＯＭによって、著しく低減されているのである。

もし昔のままのイメージで起業するのであれば、やめた方がいい。資金を集め、事務所を設け、従業員を募集して、雇用する。これはあまりにリスキーである。

年　　月　　日（　　）

小さく産んで大きく育てるべきだ。自宅の自分の部屋で起業できる時代なのである。

それがＺＯＯＭ起業だ。

似たような話にシリコンバレーのガレージ（倉庫）での創業がある。今をときめくＩＴ産業はガレージでスタートアップしていた。

例えばアップル。スティーブ・ジョブズとスティーブ・ヴィズニアックが自宅ガレージでオリジナルのパソコン製造を開始したことからアップルは始まっている。そのガレージは今でも残っており、観光名所となっている。

Google は仕事場として借りた一軒家のガレージから始まっており、そこは創立の場所として Google 社が保有している。

年　　月　　日（　　）

ヒューレット　パッカード（ＨＰ）もガレージで創業したことで知られている。こんな例は枚挙にいとまがない。

アメリカはそんな起業を礼賛するが、日本は逆である。大きなハンデキャップがある。周囲の反対を押し切らなければならない。これはある種の不幸であるが、しょうがないと割り切ろう。

逆境をチャンスとして飛び込まなければならない。

年　　月　　日（　　）

浮かんだことを書いてみましょう

～自分に約束する
言葉を書きましょう～

逆境を
チャンスに変える
決意をしよう

浮かんだことを書いてみましょう

これまでの人生で「決めてやり通したこと」を書き出してください

起業には強いマインドが大事

起業には強い精神力が欠かせない。

家族に言えば反対されるし、友人知人には馬鹿にされる。

みんなが火に水をかけようとする。それでも、灯が消えないように燃やし続けなければならない。

応援する人が一人もいないと、時として精神がぐらつくことがある。

不安にさいなまれたり、自信を失うこともある。

こんな時に必要となるのが、メンターとなって伴走してくれるパートナーである。スポーツ選手にとってのト

年　　月　　日(　　)

レーナーであり、作家にとっての編集者であり、経営者にとっての参謀である。くじけそうになるとき、心が折れそうになるときに手を差し伸べ、進路を示して、背中を後押しする。このような役割が起業にも欠かすことができない。

いくら能力があっても、精神的に弱いと周りにつぶされてしまう。経験豊かなプロでさえそうだ。

日本はサラリーマンが多く、海外と比べて開業率が低いとよく言われる。その理由は、背中を押してくれる伴走者やメンターが少ないからではないだろうか。

助言を与えてくれる第三者があった方がいい。

実際に私たちの経験から言っても、もうだめだと自信を失っていた人がちょっとした言葉から立ち直って驚く

年　　月　　日（　　）

ほど元気を取り戻して、こちらが目を見張るほどの活躍を見せる人がいる。

われわれはいまのZOOM起業のコンサルティングをするなかでも、相手が目覚ましく変わる瞬間に何度も立ち会ってきた。

「もうだめです、わたしにはできません。得意なことが一つもないからテーマもありません」そう言っていた女性が、ちょっとしたアドバイスを与えただけで、その瞬間から別人のように生き生きし出して猛スピードで駆け上がることもある。

「なんか、4年間も別の起業塾に参加していたんだけど、何の成果もなかったです」と言う方もいて「でも、ヒアリングとかは受けたんでしょ」と問うと、「最初の頃、一、二度受けたけど…」「効果はなかったの？」と聞く

年　月　日（　）

と「無かった」「なんで4年間も在籍していたの？」と聞くと「最後はメンバー同士が仲良くなって毎回飲み会に参加していた」と。

ところが、その人はわれわれと2回目のZOOM個別面談の際に、その人のテーマが出た。「まさか、自分の中からテーマが出るとは！」と驚いていた。その瞬間から、その人もどんどん自分から積極的に進んでいき、小冊子をつくって出版まで視野に入れている。

クライアントから出版した人は実際に多く、講談社、ダイヤモンド社、明日香出版など多く出しており、なかには立て続けに本を出している人も出ている。

ほんとうに人はちょっとした小さなきっかけから大きく変化するので、まるでこれが同じ人だとは思えないよ

年　　月　　日（　　）

うな変貌を遂げることがよくある。

逆に、良いものを持っているのに、それを生かせないで去ってしまう人もいる。

人は良い時もあれば悪い時もある。

ほんとうに運気の波のようなもので、どんな人にもこれはある。

問題は何か物事がうまくいっていない時だ。

どうしても結果が出ないで自信を失う。

この時に、やめてしまう人がいるのはとてももったいないことだと思う。

誰かがちょっとしたアドバイスをしたら、その人は大きく何かのきっかけで飛躍するかもしれないのだ。

やめてしまうことでそのきっかけは失われる。

惜しいことだ。

年　　月　　日（　　）

われわれはケチではない。

それはお金のことではなくて、経験についてだ。

なかには成功体験や達成感、そういった経験を自分だけが味わって満足するタイプの人がいる。

自分一人がいろいろ成功し、達成することを喜ぶだけの人だ。

だが、私は自分が失業者から小さなコーナーだったが、サンケイ新聞に載って電話が鳴りやまなかったり、商業出版が決まって小躍りした経験を味わった。ついこの間まで失業者だった私なのに、セミナーに行くと、私の書いた本を片手に駆け寄ってくる人がいる。なんだろうと思っていると「サインしてください」と言うのだ。生まれて初めて味わったあの経験は、ずっと心に残っている。

リストラを宣告されてからあてどもなく新橋の街をふらふらと夢遊病者のように歩いていた自分が、まさかそ

年　　月　　日（　　）

れから時間が経ってサインをする側になろうなどとは、予想もしなかった経験だった。

いま、私は出版社側にいるが、こうした喜びを多くの方に味わってほしいと思う。

そして、その頃よりも実は何倍もいまは起業がカンタンになっていると感じるのだ。

ZOOMを使うだけで事務所、セミナー会場費、セッションルーム代は無料になる。

画面の共有を使えば、資料をいちいちコピーして参加者の机の上に並べて用意する必要もない。地方のセミナー会場まで新幹線に乗って出張する必要もない。海外の人とも可能となる。会場を使った後の片付けもしなくて済む。と、いうように時間もお金も労力もほとんどかからなくなってきている。一昔前と比べるとまさに天国だ。究極まで経費もほぼゼロ、時間もかからない。あとはや

年　月　日（　）

る気とテーマなどを決める企画力だけといっても過言ではない。劇的に起業はカンタンになったといえる。まさにこれはいままで起業はリスクがあるといって敬遠してきた起業予備軍にとってまたとないチャンスが到来したといえるのである。

だが、こうはいってもやらない人はやらない。やらない人にもいくつかパターンがある。最初のパターンは、どんな小さな蟻ほどのリスクも嫌うタイプ。

私の友人で塾の講師のアルバイトをしている者がいる。けっこう繁盛している塾だそうだ。ある時、塾の経営者から「塾を譲るから経営しないか？」と打診されたという。私などはゼロから立ち上げたくちだから、なんというラッキーな話だと驚いたものだ。立ち上げはロケット

年　　月　　日（　　）

を地上から空中に打ち上げるのといっしょで、それなりのエネルギーがいる。ちなみにこのエネルギーはリアルの起業の場合を指している。ZOOM起業の場合はかなり少ないエネルギーで済むことをあらかじめ言っておく。

話を続けると、結局、友人はこの話を断ったそうだ。理由をきくと、「使われている方がいいよ、だってリスクがあるじゃないか」とのこと。これが正解かどうかはわからない。

もともと、この友人には独立したいという願望がなかったということだろう。

あなたは、これを読んで、どちらの立場になるのだろうか？

もったいないことをした！

やとわれていた方が安全だ。

ちょっと思い浮かべてみてほしい。

年　　月　　日（　　）

浮かんだことを書いてみましょう

～自分に約束する
言葉を書きましょう～

やとわれと

独立

これからの人生を

どちらを

選びたいか？

浮かんだことを書いてみましょう

自分の長所と欠点
どちらに目が
行きますか？

行動に移せない人の特徴

独立したいと願望を持っているが、なかなか踏み出せないという人も結構多くいる。

この場合は、起業の塾などには結構お金を投資している。だからノウハウは次から次へとたまっていく。しかし、なかなか踏み出せない。これをノウハウコレクターなどと揶揄する言葉まである。実行に移さず、ただコレクターのようにノウハウを収集しているという意味だろう。まさか、収集のために高いお金を出しているとは思わないが、なぜ行動に移せないかというと、これは心（マインド）の問題だろう。

年　月　日（　）

そうした人たちは、ノウハウという情報や知識さえあれば起業できると思い込んでいる。

だから、最新のノウハウを次々に追い求めるのだ。

しかし、ノウハウがいくらあっても心が恐怖心で縛られて、身動き取れなくなっていたらいつまでも起業の一歩を踏み出すことはできない。


アタマにはノウハウが満タンにたまっていても、心が怖いよーと叫んでいたら足は前に出ない。

オリンピック選手のように日々練習に励んできた人間でも、いざ本番となると足がすくむ。ましてやわれわれである。

これも実にもったいないことだと思うのだ。

起業したい気持ちはある。自己投資する気もあってノウハウにもお金を使って吸収する。ここまではいいのだ。

年　　月　　日（　　）

あとは、心の問題なのだ。

よくいうが、アタマと心がバラバラになっている。

この問題を解決するのにもっとも有効なのが、メンターの存在だ。しかるべき経験者に伴走してもらって、落ち込んだ際には勇気づけてもらったり、小さなところでつまずいていたりするので、そうした際にアドバイスをもらうことで切り抜けられる。これが、一人だけで進むとなると、ちょっとしたところでつまずいてしまい、抜けるのに時間がかかる。スポーツ選手などでも、一流になればなるほどメンタル面と技術面とメンターやコーチがついている。

起業にもメンターやコーチは欠かせないと思う。

メンター、コーチの役割とは、人間の恐怖心などを切

年　月　日（　）

り抜けられるようにする、当人の心理的に弱気になる場合、自信をなくしそうになる場合に支える。

ちょっとした小さいつまづきにつかまった場合にアドバイスにより最短時間で切り抜けて前に進むことができる。もちろん、ノウハウの面でも教えてもらうことができる。

起業を山登りに例えると、初めての人には未知の部分が多く恐怖心もあり、予期せぬトラブルに見舞われることもある。経験者で何度も登頂までいっている人に伴走してもらうことで、リスクが最小になり、成功確率が高くなる。

起業のノウハウ面は、実はZOOMの登場で、昔と比べてずいぶんとカンタンになったと感じている。

年　　月　　日（　　）

むしろ今は、メンタルの方が重要だと思う。

メンタルはさまざまなことにからむ。たとえば、自分自身のテーマを何にするかで悩むときに、自信を無くす人はけっこう多い。

決まってみんなが言うセリフが「自分にはやるべきテーマが何も無い」だ。

「では、これまでやってきた経験は？」と質問しても、「テーマになるような経験は無い」と答える。

さあ、あなたなら、なんと答えるだろうか。

これは、けっこうな頻度でやり取りされる会話である。

余談だが、こうした会話がなされるたびに、学校教育が、みんなを上から の指示に従う人間にしてきたツケを感じる。

年　月　日（　）

さて、自分には何もない、自分はダメだと言っている人間にあなたはどう言うだろう？
ほんとうにダメなのだろうか？

プロ野球でいうと、もう亡くなってしまったが、野村監督は生前、「野村再生工場」と異名をとっていた。もう本人も成績が振るわなくて引退かと思われている選手を育成し起用し、見事にカムバックさせていた。成績が最高潮にいい時の選手を他球団からお金でかき集める方法をとるチームもあるいっぽう、野村監督は花の咲かない、しおれている花を見事に咲かせる名監督だった。

また、こちらも亡くなってしまわれたが船井幸雄氏は、「長所伸展法」といっていた。これは、欠点などには目

年　月　日(　　)

もくれず、良いところだけに注目して伸ばしていけばいいということで、テーマも同じことだ。

この良いところを当人にきくと「無い」というのを、見つけるのがわれわれの仕事である。

プロの著者でさえ、次の本に書くテーマに悩み、自信を無くすのだから、これから起業しようという人が「自分にはテーマが無い」とか「自分に自信がない」というのは当たり前なのだ。

そういう意味でも、しかるべき経験者や長年そうしたことにたずさわって経験を積んできたアドバイザーの手を借りるのが近道だと思う。

年　月　日（　）

本書をご購入いただいた方へ特別プレゼント !!

シークレットナンバー

この番号は、
本書をご購入いただいた方限定で
下記の QR コードからご記入いただくことで
特典をお受け取りになれるものです。

0722

https://peraichi.com/landing_pages/view/kgr8w

こちらからもお申込み受け付けます
→ hk@sanrakusha.jp（件名【シークレットナンバー】）

浮かんだことを書いてみましょう

～自分に約束する
言葉を書きましょう～

あなたの
ビジネスを
はじめるために
重要なこと

浮かんだことを書いてみましょう

決めてから
動くまでの時間は
長い？
短い？

見る前に飛べ

考えに考えあぐね、検討を重ね、様子見を繰り返していては、起業はおぼつかない。

日本語では「見る前に飛べ」、英語では「Leap before you look」というように、チャンスと思ったら、飛び出す勇気が必要だ。これが起業マインドである。

起業のための勉強ばかり繰り返している人がいる。起業塾をはしごし、本をあさり、ノウハウを集めている。ところが、不思議と起業しない。

ノウハウはいくら集めても価値はない。使ってなんぼ

年　月　日（　）

なのである。

恐怖や不安を抑えることは難しいが、漕ぎ出さなければならない。飛び出さなければならない。見る前に飛ばなければならないのである。

社会環境は混乱のただ中である。それをピンチと捉えるかチャンスと捉えるかの違いだ。ピンチとチャンスは常に背中合わせだ。現在は国難であり、苦しんでいるのはあなただけではない。

悪い方に考えていいことは何もない。いい方に捉えよう。そして、飛び出そう。そこに幸運の局面が展開するのである。

飛び出してからも、根気よく続けることである。なかなか認められないこともある。だが、自分を責めること

年　月　日（　）

なく、ストップすることなく、着実に前進することが必要だ。マラソン選手は電柱の1本ずつを目指して走るという。そのような工夫を重ねて続けることが必要だ。小さな一歩が積み重なってゴールに到達する。一歩進んでいる自分を誉めながら次の一歩を出そう。

成功している人には、走りながら考え、改善し、形にしていく人が多い。

準備に時間をかけてみても、それが正解とは限らない。とりあえず、発車してしまうのである。そこから、修正はいくらでもかけていかれる。

なぜならあなたが社長だからなのです。

年　月　日（　）

年　　月　　日（　　）

浮かんだことを書いてみましょう

～自分に約束する
言葉を書きましょう～

飛び越えるために
何をしますか？

起業で

員から

社長！

Zoom

雇われ

あなた

浮かんだことを書いてみましょう

慣れた状況を
自分から
手放した経験は
ありますか？

危険な道を選べ

ここは本当に大事なところなので、もう少し言わせて欲しい。

「迷ったら危険な道を選べ」と芸術家の岡本太郎が言っている。

フランスの思想家ジャン・ジャック・ルソーは「慣習とは反対の道を行け。そうすれば常に物事はうまくいく」と言っていた。

アップルの創設者であるスティーブ・ジョブズも「安全にやろうと思うのは、一番危険な落とし穴なんだ」と

年　月　日(　)

言っている。一つの成功の上にあぐらをかいているのが、最も危険なのである。日本経済の失墜の原因はここにある。

スティーブ・ジョブズはiPodミニで大ヒットとなったにも関わらず、iPodミニの販売を中止し、新商品のiPodナノの開発を打ち出して成功した。

さらに、この後がApple Watchへと続いている。

この度胸が日本企業にはない。

安全な道の先には危険が大きな口を開いている。

逆に危険と見える道の先に成功が待ち受けているのである。

これは多くの成功者が語っている事実である。

コロナで大きく環境が変わった。それにもかかわらず、

年　　月　　日（　　）

やり慣れているという理由から、同じ仕事のやり方を変えようとしない。安全策を選んでいるつもりが、最も危険な道を選択していることにも気づいていない。

年　月　日（　）

浮かんだことを書いてみましょう

～自分に約束する
言葉を書きましょう～

いまいる場所は
安全か？

他では教えていない
あなたの中に眠っている
お金に換わるノウハウを
扉の外に
出します。

それは、
たくさんの著者を出してきた
出版社だからこそ。

著者を育てるように
あなたのビジネスを育てます。

第5章

ＺＯＯＭ起業で社長になる！

成長市場に身を置く

選択を迫られるのは、どのような市場を選ぶかである。身を置いた市場が成長市場であれば、10の努力で12にも13にもなる。ことによると100や200になるかもしれない。逆に衰退市場ならば10努力しても8に減速し、7に落ち、場合によっては0となり、まったく成果が得られない危険性もある。

どの市場が伸びているかといえば、はっきりしている。それはオンライン市場である。GAFAがこれを証明している。Google Apple Facebook Amazon それぞれが、

年　月　日（　）

オンラインを市場としている。

コロナ禍の中、リアルは衰退の一途をたどっている。成長しているのは、強いていえばケータリングぐらいであろう。


さらに、マスコミュニケーションも衰退している。

これに対し、成長しているのがパーソナル・コミュニケーション市場だ。これもＳＮＳやユーチューバーが証明している。情報の送り手も受け手も個人によってなされ、一律ではないから人間性が伝わってくる。

ＺＯＯＭによるコミュニケーションもこれにあたる。離れていても人間性が伝わり、親身になる。


教えることで何でも商売になる。

落語にあるが「あくび指南」というものが江戸時代に

年　　月　　日（　　）

はあったようだ。柳家小三治の噺であるが、そこではTPO（Time：時間、Place：場所、Occasion：場合）に則したあくびの仕方を教えてくれる。さっそく始まったのが四季折々のあくびの仕方であった……。というような噺である

猫の蚤取り、耳掃除、釣り指南などもあったと小三治が言っている。

必ずしも一流である必要はない。二流三流でもそれなりの需要はある。例えばプログラミングでも一流になって大企業から注文を取るばかりが仕事ではない。かろうじてプログラミングできる程度でも、小中学生にプログラミングの基礎を教えることができる。このニーズに一流の技術は必要ない。

年　月　日（　）

定年後の人生を輝かすＺＯＯＭ起業

定年を迎えた方々には多くの強みがある。

まず、社会人経験が豊富である。何十年も会社で過ごしてきたのである。

次に、お金がある程度自由となっている。退職金があり、差し迫って足りないという状況ではない。

人によっては貫禄があり、信用されやすいかもしれない。元いた会社の肩書きをいかせる可能性もある。

そして、本業で培った豊かな知識、ノウハウ、経験を持っている。

これらを生かしてＺＯＯＭ起業することをお勧めした

年　　月　　日（　　）

い。

定年後の起業をシニア起業と呼ぶ。この人数は確実に増加している。

背景には老後の資金が足りないことがあり、これは前述のとおりである。

さらに、生きがいを望んでいることも多い。それまで会社の中で仕事に追われてきたのに、いきなり何もすることがなくなる。

ZOOM起業なら今まで培ってきた知識、ノウハウ、経験を生かすことができる。これらをベースにコンサルタントの開業が可能となる。老後を脅かすほどの資金はかからない。

ZOOMは極めて簡単なアプリケーションである。習

年　月　日(　)

得に苦労することはない。私たちスタッフも支援する。

老後に家にいて連れ合いに邪魔者扱いされるかもしれない。そんな時はレンタルオフィスを借りるといい。シェアオフィスであれば、比較的安く借りることができる。そこでコンサル業を開始し、多くの方の相談に乗るのである。

ZOOM起業はあなたの価値を生かすことができる。老後の寂しさをカバーすることもできる。

他の人の役に立つことが若さを保つ秘訣なのである。

ZOOMの大きな魅力の一つにコストがかからないことがある。リアルと比べるとほとんどただに近い。加えて、オフィスを借りる料金も従業員を雇う賃金も不要だ。

年　　月　　日（　　）

ＺＯＯＭビジネスでは、サービス料金も自由に設定できる。この章ではコストや料金について解説したい。

価格は「原価＋付加価値」で決まる

サービス料金は次の公式によって決まる。

サービス料金　＝　原価　＋　付加価値

メーカーの原価は原材料であり、それを加工し製品にすると工員の賃金やブランド料金が付加価値として上乗せされて、出荷価格（サービス料金）となる。

付加価値とは儲けであり、最もわかりやすいのが人件

年　　月　　日（　　）

費などの手間賃である。ブランドなどのイメージ料金もここに含まれる。

流通では、購入した卸値が原価であり、これを在庫し管理し、販売する手間を加えた付加価値を加えて商品価格となる。

ブランド力がある企業は、この付加価値を多く得ることができる。

例えば、化粧品の原価を千円としよう。安売りのメーカーでは付加価値を５００円上乗せして、ドラッグストアなどで大量販売することで利益を得ることができる。

これに対し、一流品といわれるブランド力の高い化粧品では、同じ千円の原価に対し、例えば付加価値を数千円上乗せして販売して、利益を得る。これならば大量販売に走ることなく、商品や梱包のデザイン、百貨店での

年　　月　　日（　　）

販売スペースと販売員の確保、イメージ向上のためのプロモーションを展開することで、価格を維持して利益を確保できる。

購入する消費者は、ドラッグストアで1500円で購入するか、百貨店で数千円で購入するかでは、ほぼ同じ原価のものを購入したに過ぎないとしても、百貨店で購入した化粧品はブランドのイメージやパッケージや接客の満足感とともに購入の体験ができる。

車でも同じことがいえる。例えば、仮に原価を100万円とするとトヨタは200万円の付加価値を付けて、300万円で販売する。これに対し、BMWは300万円の付加価値で400万円で売る。さらにベンツは400万円の付加価値を付けて500万円で販売するという

年　　月　　日（　　）

具合だ。原価は同じであるが、付加価値が異なる。現代は付加価値の時代といえるだろう。

原価のかからないのがＺＯＯＭビジネスの魅力

サービス料金の考え方は、ＺＯＯＭビジネスも同じである。原価に付加価値を付けて料金を設定する。

ＺＯＯＭビジネスの魅力はこの原価がほとんどかからないことだ。売るのは知識、ノウハウ、経験であり、提供する自分自身という人そのものだ。自分の内にあるものを提供することでサービスが成立する。ただし、ブラッシュアップのために知識やノウハウも他から購入したり原料を仕入れたりする必要も出てくる。

年　　月　　日（　　）

また、ＺＯＯＭは使用料金が月々発生する。セッションやセミナーの受け手となる生徒は無料なのだが、講師となる発信者側には、次の４つの料金レベルがある。

・基本（無料：１対１では時間は無制限　３人以上の利用の場合に時間は40分以内）
・プロ（有料：１００人までミーティングに参加可能）
・ビジネス（有料：３００人までミーティングに参加可能）
・エンタープライズ（有料：１０００人までミーティングに参加可能）

まだ自分自身がＺＯＯＭを練習中という方は基本の無料プランでじゅうぶんだと思う。

年　　月　　日（　　）

しかし、いざお客さんにサービスを有料で提供するという段階に入ったら、有料のプロプランをお勧めする。おそらく、その場合の利用ではセミナーやセッションとしてだと思うが、この場合、１時間以上になる可能性が高い。

私も参加者側としてあるＺＯＯＭセミナーに出た時に驚いたことがある。

なんと、そのセミナーでは「もうすぐ40分経過になりますので、いったん切って、再度お入り直しください」というのである。たしかに、これだと、無料プランのまま、40分以上のセミナーが開催できるには違いないが、セコイという印象をもった。

あまりにケチな印象をもたれるので、最低、有料のセ

年　　月　　日（　　）

ミナーやセッションを提供する場合は一番安い有料プランであるプロプランを選択した方がいいと考える。

そのかわり、プロプランさえ選択しておけば、ほとんどこと足りる。

大規模なセミナーを開こうとするとそれなりに価格もアップするが、ZOOMにかかる費用は、せいぜい月数千円である。リアルな起業と比べたら、ほとんどただに等しい。会場を借りる必要もないし、会場に行くまでの交通費も必要ない。化粧や衣装は最低限でかまわない。

コンテンツは作成の必要があるが、在庫管理の必要もない。リスクを抑えたスタートを切ることが可能になるのです。

年　月　日(　)

付加価値をどのように考えるか

ＺＯＯＭビジネスはリアルな起業と比較してただに近いが、時間はかかる。「時間を原価として考える」ということである。

時間を付加価値（人件費）と捉えて計算することもできる。

ここで、付加価値をどのように設定するかが問題となる。ようは値段設定だ。

だが、この付加価値に確たる指標がないのが現実である。自分の裁量でどのようにも設定できる。

年　　月　　日（　　）

ここに個人の戦略が現れる。同じ一時間のセミナーを千円に値付けして同時複数に販売することも、1万円で個別に提供することもできる。大きな価値があると自信があるのであれば、10万円でもいいし、50万円でもいい。ただし、いくら値付けが自由とはいっても高額商品にしていくならば、そのための工夫も必要となる。

社長のマインドを持つこと

料金に合わせて、告知と集客についても触れておきたい。料金より、売れるか売れないは、営業力にかかっている。

今までとても多くの起業家を見てきたが、中にはなか

年　　月　　日（　　）

なか成功をつかめない人もいた。

いいテーマを持ち、十分な能力があって、人間的な魅力もあるのに、どうも売れない人もいる。不思議に思って確認してみたら、ほとんど営業していないことがわかった。

その人は、前職は高校の先生であった。真面目だし、知識も豊富だ。

だが、営業（セールス）を軽視しているところがある。軽視どころか、罪悪感さえ持っているようだった。引き合いがあって見込み客と連絡が取れるのだが、契約できない。役に立とうとする思いがあるのだが、それを商売にしようとか、お金儲けにしようというマインドが足りない。これでは、起業での成功はおぼつかない。

年　　月　　日（　　）

サラリーマンなら、仕事さえ真面目にやっていれば給料が振り込まれる。だが、社長は違う。お金を抜きにはできない。そうでなければ会社が成り立たない。尽くすだけ、貢献するだけではお金に結び付かないのである。「ぜひ、やりたいです」と相手から申し込まれて、料金が振り込まれなければならないのは言うまでもない。

幸い、私たちはインターネットという強力な流通経路を持っている。これまでの面接やリアルでのセミナー開催と異なり、ネットさえあればどこからでも面談やセミナーが可能となり、集客のハードルは下がっている。

この相談にも私たちスタッフは対応しているので安心して欲しい。

だが、起業に大切なのはテクニックよりもまずは社長マインドなのである。

年　　月　　日（　　）

一人目の顧客を見つけること

起業していきなり千客万来というわけにはいかない。
試行錯誤の時間はかかる。
あきらめることなく告知と集客、そして営業を重ねなければならない。

ここでポイントとなるのは、達成しやすい目標を持つことである。あまりに大きな目標を持つと、疲れて走り続けることができない。
私は「一人目の顧客を見つけてください」とアドバイスしている。

年　　月　　日（　　）

一人目の顧客の存在は、あなたのサービスが認められたことを示す。

起業した人のほとんどは不安に駆られている。自信を持って始めたテーマだが、最終的に決めるのは市場、つまりお客さんだ。本当にこれで間違いはないのか自問自答の時間が長く続く。

これを打ち破ってくれるのが一人目の顧客である。認めてくる人がいて、あなたとあなたのサービスが存在してもいいことの証明になるのである。あなたの企画に間違いはなかったと。

一人目の顧客は神様である。0と1とはまったく違う。無と有の違いであり、この間にはとんでもない隔たりがある。泣いて喜ぶ価値がある。

これでやっと暗中模索から解放される。

年　　月　　日（　　）

一人目の顧客が見つかったら、その道を迷わず進むことだ。あなたは成功の入口に立ったことになる。後は突き進むことだ。

ＺＯＯＭとは

ここで改めてＺＯＯＭについて詳しく説明をしたい。

Ｗｅｂ会議システムの代表的なツールが米国ＺＯＯＭビデオコミュニケーションズが提供するＺＯＯＭである。米国の通信機器ベンダーであるシスコシステムズからエンジニアが独立してできた会社で、設立は２０１１（平成23）年、場所はシリコンバレー（カリフォルニア州サンノゼ）。ＺＯＯＭのサービス提供開始は２０１３（平

年　　月　　日（　　）

成25）年からのことである。

創設者はエリック・ヤン、中国山東省出身の技術者であった。

Ｗｅｂ会議システムは、ＺＯＯＭだけではない。同様のツールはいくつかあるが、私がＺＯＯＭに注目しているのは理由がある。Ｗｅｂ会議に特化した優れた機能と多くの人が使っている市場シェアである。

例えば他にはＳｋｙｐｅがあるが、これはテレビ電話出身の会議システムであり1対1のコミュニケーションを得意とする。少人数での打ち合わせに向いているのである。

マイクロソフトのＴｅａｍｓもよく使われるが、これはグループウェア出身であり、プロジェクトでのコラボレーションの推進を得意とする。

年　　月　　日（　　）

これらに対し、ＺＯＯＭはまさにＷｅｂ会議システム出身であり１対１はもちろん１対多、最大１０００人まで対応できる。ＺＯＯＭがあれば大規模なセミナーや研修にも使えるのである。加えて、世界中で最も多くの人が使っている。これらがＺＯＯＭの大きな魅力である。

現在は複数のツールがひしめき合っているが、やがてＺＯＯＭに収束しスタンダードになると予想している。

ＺＯＯＭは集客から営業、さらにはサービス提供まで一連のビジネスを提供し完結させることができる万能なツールなのである。

年　　月　　日（　　）

ZOOMがニューノーマルとなる

今回の新型コロナの襲来により、日本が徹底的に劣っている点がいくつか明らかになった。

その最大のものがデジタル化の遅れであった。

政府が音頭を取ってｅ－Ｊａｐａｎ戦略をぶち上げたり、世界最先端ＩＴ国家創造宣言をしたり、電子政府構築計画を立案したりした。さらには途方もない労力をかけて、マイナンバーカード制度を推進した。だが、これらはコロナ禍の解決には何の役にもたたなかった。マイナンバーカードなどはかえって足を引っ張ったほどであ

年　　月　　日（　　）

る。

都庁と保健所がＦＡＸで感染者数の情報をやり取りしていると聞いて、唖然とした人も多かったろう。

これからは「ニューノーマル」の時代を迎える。人の働き方が新しい形態に変わるのだ。

正確にはニューノーマルとはリーマンショック前後から叫ばれた新たな金融上の改革のことをいい、今回は「第三のニューノーマル」とも呼ばれている。

このニューノーマルがリモートワークの働き方であり、それを実現するツールがＺＯＯＭだ。

ＺＯＯＭは単なる会議ツールではない。営業もできれば、サービスの提供もできる。ＺＯＯＭで今まで対面で必要とされていた多くの業務をカバーできる。従来なか

年　　月　　日（　　）

った大きな可能性を秘めたツールが登場したのである。

本質のみを抽出するZOOM

ZOOMは大きな可能性を私たちにもたらすが、その最大のものが「コミュニケーションの本質だけ抽出」してくれることである。

ビジネスはコラボレーション（プロジェクト活動）を基本としており、そのコラボレーションを実現するのがコミュニケーションである。仕事は個人で完結することは難しく、多くはプロジェクトチームを構成して進められている。チームや組織活動といってもいい。プロジェ

年　月　日（　）

クト内でそれぞれに与えられた役割をこなしていくわけである。

この共同作業に必須なのがコミュニケーションである。コミュニケーションは従来、人と人とが直接接することによって可能になると考えられていた。

前章でも紹介したように、ここに新型コロナが発生し、直接会うことが不可能になった。かといってビジネス活動を停止させることはできず、そこで利用され始めたのがＺＯＯＭであった。

期せずしてＺＯＯＭにより、直接人が会うことなく、密接にコミュニケーションできることがわかってしまった。人と人とがリアルに接することなく、遠隔地にいながらデジタル上で接することができ、ビジネスを遂行できることを証明してくれたのである。

年　　月　　日（　　）

かつてのリアルな対面とＺＯＯＭによるコミュニケーションとを比較して、多くの人々は驚くべき事実を発見した。現実の世界でのコミュニケーションは、実に無駄が多かったのである。

まず人と人が会うには、同じ場所まで移動しなければならない。１時間の打ち合わせのために30分かけて移動する。往復の移動時間は１時間だ。これではコミュニケーションと同じ時間を移動に費やしていることになり、どう考えてもこれは無駄である。

時間だけではない交通費も必要になるし、移動のために体を動かす労力も必要である。

これらはコミュニケーションの効率化や生産性とはまったく関係がない。

さらに相手先のオフィスに行けば受付を通ったり、応

年　　月　　日（　　）

接に通され、お茶が出てきたり、水のペットボトルが出てきたりする。これもコミュニケーションの本質とは関係がない。

　会うと名刺交換が行われるし、本題に入る前に挨拶や雑談が始まる。こうした無駄の後にやっと「さて」とか「それでは」といよいよ本題に入る。

　ＺＯＯＭではこれら無駄に見える虚飾のほとんどを排することができる。いきなり本質に迫り、コミュニケーションの核心を突く。

　資料のプリントアウトの必要もない。出向くための服装も女性であれば化粧時間も最小限にできる。応接室や会議室へ行くのではなく、いきなり個人の部屋に行くような感じである。

年　月　日（　）

リアルの世界では多かった雑談の重要性も減ってくる。かつては「雑談力」という言葉があるほど雑談で相手を引き込むテクニックが重要とされていた。ZOOMではこの力もほとんど必要ない。

会議室やセミナールームへ行くのではなく、いきなり部屋の中に入り込むことができる。ダイレクトに相手の部屋に入るほどのインパクトがある。

当然相手とは深いコミュニケーションが求められ、コミュニケーションで本質に触れることができる。

ZOOMは今まで使っていた不要な虚飾を排し、コミュニケーションの時間を三分の一から四分の一に削減できる魔法のツールである。商談が成立すれば極めて効率的である。

年　　月　　日（　　）

双方向の強み

ＺＯＯＭによるコミュニケーションは双方向であり、これがＺＯＯＭの大きな強みとなっている。

時節柄、オンラインによる起業セミナーが多くなって、その講師の一人から聞いたことがある。一対多のセミナーでは一方的であり、ほとんど一方的にしゃべっている。リアルセミナーでは成り立っていたが、そのままＺＯＯＭで一方的に話すと、途中で退出する参加者が多いという。一方向はテレビといっしょで、出入りは自由だ。

ＺＯＯＭは退出ボタンがあり、それを押されると講師にもわかる。

年　　月　　日（　　）

ZOOMは会場というよりも、部屋のイメージが強い。リアルと違ってZOOMでは、声掛けなど双方向性をもたせることで、退出を防ぐことが可能になる。

ZOOMの便利機能

最後にZOOMの便利な機能を紹介したい。代表的なものに以下がある。

●画面共有

リアルな会議では同じ資料を見ながら議事を進めることができる。セミナーでもあらかじめレジメが配られて

年　　月　　日(　　)

いることが多い。司会者や講師も、スライドに資料を映しながら説明していく。

これをZOOMでは画面共有の機能でカバーしている。「画面共有」のボタンをクリックするとその参加者の資料やデスクトップが共有され、議題を進行できるようになる。

ZOOMコミュニケーションには欠かせない基本機能である。

●ホワイトボード

会議室にはホワイトボードがあって、文字を書いたり、図を描いたりしてみんなで見て、議論を進めることができる。このホワイトボードの機能が「ホワイトボード」としてZOOMに搭載されている。

「ホワイトボード」を選択して、画面共有にすることで

年　　月　　日（　　）

利用できる。文字や図を描くことも、描き直したり、消したりすることもできる。

●録画機能

議事録作成のために、会議の内容を録音することがある。そのためのレコーダーも多く発売されているほどだ。ZOOMにはこの録画機能が用意されている。無料では利用できず、有料版から利用可能となっている。

議事録作成のためだけではない。会議に参加できなかった人に内容を伝えることができるし、セミナーの場合は有料で販売することも可能だ。

録画をユーチューブにアップすることで、プロモーションに利用することもできる。

●クラウド保存

年　月　日(　)

これも録画機能に含まれているもの。クラウドのストレージに録画データを保存できる。

録画データは時間によってはギガクラスの膨大な容量となる。これらをパソコン内に保存していると、ハードディスク容量を圧迫する。しかし、サービスとしてクラウド保存を選択することで、ある一定容量までは気にせず、保存できる。

保存するとそのＵＲＬが提供される。このＵＲＬを会員に知らせることで、録画データを共有することができる。もちろん販売も可能だ。

●チャット機能

チャットとは、リアルタイムに文字を入力して会話すること。ずいぶん前からパソコン通信等で使われていた機能である。

年　月　日（　）

これがＺＯＯＭにも用意されており、会議中に文字を入力すると吹き出しに表示される。これでセミナー中に疑問や感想を表すことができるようになる。

●バーチャル背景

ＺＯＯＭは自室が背景となって映ってしまい、これに抵抗を示す人が多かった。自分の部屋や居間が参加者に見られてしまうのである。

そんな人のために用意されているのがバーチャル背景だ。あらかじめ背景として画像が用意されており、その中から適当なものを選択することで設定できる。気に入ったものがなければ、自分の好みの画像を持ち出して、背景とすることも可能だ。

年　　月　　日（　　）

これからの人生を輝かせる

第6章

老後対策としての起業

人生百年時代となり、長寿は当たり前になりつつある。老後の資金作りは差し迫った問題である。さらに悪いことに、当てにしていた年金さえも支給開始年齢が遅くなりそうなのである。

国が頼りにならないとしたら、豊かな老後を送るにはどうすればいいのだろうか。

いまこそＺＯＯＭ起業の準備に入るときなのである。

「チャンスの神さまは前髪しかない」ということわざがある。好機はすぐに捉えなければならない、後から捉え

年　　月　　日（　　）

ることはできないという意味だ。通り過ぎてから捕まえようにも、後ろ髪がない。追いかけても間にあわない。チャンスはアッという間に過ぎるから、すぐにでも行動に移さなければならない。

●老後資金は2000万円が不足？

2019（令和元）年に金融庁が「老後資金は2000万円不足する」と公表して、日本中は蜂の巣をつついたような騒ぎになった。

男性65歳、女性60歳の夫婦では、年金だけでこの先20年生きると、1300万円足りない。30年先、つまり95歳まで生きるとすると2000万円が不足すると発表したのである。

年金だけでは足りないだろうとほとんどの人は感じていたが、ここまで他人事のように言われるとさすがに

年　　月　　日（　　）

「それはないだろう」と思う。怒った人も多かった。

なおこれは、公的年金が５万円足りないという前提での計算である。リサーチ会社の試算ではもっと足りないとしている。10万円足りないとすると、４０００万円が不足することになる。

豊かな老後を送るには15万円足りないとの試算もあり、すると６０００万円となる。こうなると、金額は跳ね上がり、とても退職金でも充当できない。

●職場も肩書きもなくなったら

サラリーマン時代の先輩の一人に、スーパーマンのような飛び抜けて優秀な社員がいた。一人で毎年十億円を稼ぐのである。みんなが憧れたものである。

私はその先輩と同じだった会社をリストラされ、他に

年　月　日（　）

選択肢もなく起業を選択した。それから20年ほど経ってからのことである。

その先輩も定年を迎え、久しぶりにそのスーパーマンに会って驚いた。目も当てられないほど落ちぶれていたのである。

「小林君、君の会社のガードマンでもいいから雇ってくれないか」とすがるように言ってくる。冗談で言っているのではない。本気で言っている……。

定年を迎え、会社の肩書きがなくなると、何もできなくなることを先輩は暗示していた。憧れていた先輩のあまりの変化にがっかりしたものである。

知り合いから似たような話を聞いた。

日本を代表する、いや世界トップクラスの広告代理店の部長のぼやきである。東大法学部を出て、一流の広告

年　　月　　日（　　）

代理店に就職し、順調に登りつめ、部屋持ちの部長にまでなった。定年が目の前にちらついて、彼が起こした活動はハローワークへの登録であった。

「いやあ、飯田橋のハローワークに登録したけれども、介護しかないんだよ。まいったな」と苦笑いをする。

嘘かと思ったが、本当であった。東大法学部を出て、世界的な広告代理店に入って、ロンドン勤務の経験まで持つ超エリートである。それが飯田橋のハローワークに通っているのである。知り合いは愕然としたという。

今はこんな時代である。会社から放り出されると、何も残っていない。「代議士が選挙を落ちるとただの人」と言われるように、会社の肩書きで仕事していた人は、退社後はただの人となってしまう。定年後の再就職の道はかなりきびしいと考えてよい。

年　　月　　日（　　）

●不動産投資セミナーを鵜呑みにしてはいけない

老後は大家になって金持ちお父さんになりたいと夢見ている人は多いかもしれない。ロバート・キヨサキ氏の「金持ち父さん貧乏父さん」という本がベストセラーになって、不動産投資に魅力を持っている人もいるだろう。「金持ち大家さん」を連呼するCMもあるし、DMも届く。

確かに、退職金という一時的な資金もあることで、不動産投資を始めようとする人は多い。そのためのセミナーも頻繁に開催されている。

アパート・マンションの大家になるのが「金持ち大家さん」である。

これも、不動産屋の甘い誘惑をうのみにしてはいけな

年　　月　　日（　　）

い。これはあくまで机上の案で、建物の劣化まで組み込んでいない。実際に建物の老朽化で修繕費が大きくのしかかる。

　補修やリニューアルをしないと、空室率が悪化する。空室対策に家賃を値引きすると、入居者の質が落ちて、スラム化することになる。

　大家さんはこんなはずではなかったと頭を抱える。

　不動産屋は「絶対に儲かります」と断言するが、そんなに儲かるのなら自分でやればいいはずである。ところが、業界の人に聞くと、実際に儲かる物件は自社でやっているのだそうだ。売れ残った物件を、ふところの暖かい退職直後の人々に紹介するのだという。

　さらには、不動産会社の社員もライバルである。自分たちも老後のために不動産に投資している。駅近、南面、

年　　月　　日(　　)

角地などのいい物件があると、プロである社員がいち早く購入してしまう。残ったものが派手に売りに出されるのである。

彼らが狙っているのはあなたの退職金である。これがリアルなからくりだ。決して不動産屋の甘い誘惑に乗ってはならない。

●定年後こそZOOM起業

定年を迎えた人には多くの強みがある。

まず、社会人経験が豊富である。何十年も会社で過ごしてきたのである。

次に、お金がある程度自由となっている。退職金があり、差し迫って足りないという状況ではない。

人によっては貫禄があり、信用されやすいかもしれな

年　　月　　日（　　）

い。これまでのキャリアをいかせる可能性もある。
そして、本業で培った豊かな知識、ノウハウ、経験を持っている。
これらを生かしてＺＯＯＭ起業することをお勧めしたい。

定年後の起業をシニア起業と呼ぶ。この人数は確実に増加している。
もっとも60歳はまだまだ若くシニアという言葉は今の時代合っていない気がする。
シニア起業の定義を変えた方がいいと思う。
話がそれてしまったので、戻そう。
シニア起業の背景には老後の資金が足りないことがあり、これは前述のとおりである。
さらに、生きがいを望んでいることも多い。それまで

年　　月　　日（　　）

会社の中で仕事に追われてきたのに、いきなり何もすることがなくなる。

毎日毎日日曜日。これは結構つらくなると予想される。

ZOOM起業なら今まで培ってきた知識、ノウハウ、経験を生かすことができる。これらをベースにコンサルタントの開業が可能となる。大きな資金はかからない。

ZOOMは極めて簡単なアプリケーションである。習得に苦労することはない。私たちスタッフも支援する。

老後に家にいて連れ合いに邪魔者扱いされるかもしれない。そんな時はレンタルオフィスを借りるといい。シェアオフィスであれば、比較的安く借りることができる。そこでコンサル業を開始し、多くの方の相談に乗るのである。

年　月　日（　）

ＺＯＯＭ起業はあなたの価値を生かすことができる。これまであなたが歩んできたことの集大成として、自分のなかに培われたすべての力を発揮して、他の人の役に立つことで稼げるのである。

自分が社長として全権限をもってやっていく仕事には、やりがいもあり、何よりも人生を充実させて生きていかれるのである。

年　月　日（　）

さあ、これであなたの
「決意表明」ができました。

『決意を具体化する方法』
はここにあります！
のぞいてみましょう！

https://peraichi.com/landing_pages/view/kgr8w

あとがき

ＺＯＯＭを使うことで、起業のリスクが一気に低くなりました。

大きなお金をかけて準備するものは、ありません。

しかし、だからこそ内容が重要になってきます。

画面を通して、双方向でのやり取りは、不思議なことに素の姿が伝わります。

余計な挨拶、名刺交換、周りの雰囲気などがないため

年　　月　　日（　　）

に、ストレートな交流となり、無駄もないかわりに、その人の人間性そのものが伝わります。

ですから、これまで声が大きいから目立っていた人も、根回しや、陰口といったことで、自分を優位にしてきた人もばれてしまいます。

あなたの真の姿で仕事をすることになるので、やればやるほど何かが磨かれていきます。

あなたの新しいスタートに大きな力を発揮してくれるのがＺＯＯＭ起業です。

あなたの第二の人生を自由自在に動かしていきましょう。

充実した新しい仕事のスタイルをたのしみながら作っていきましょう。

年　　月　　日（　　）

小林 敏之

1959年東京生まれ。明治大学法学部卒。市場調査会社の矢野経済研究所、日本能率協会グループを経て2002年ジャンピア日本講座起業協会を設立。日本人の著者として最初の情報起業家のための著書を著し、コンテンツによる個人起業家の育成を開始する。2005年に出版社（株）三楽舎プロダクションを設立。以降10年以上にわたり、研修講師、心理カウンセラー、セラピスト、スピリチュアルヒーラーを紹介する書籍を多く発刊し、個人起業家約1000名を支援プロデュースして現在にいたる。2020年よりZoomによる起業家育成支援を新たに開始する。

主な著書に『1人ビジネスらくらく起業法』『あなたの経験を通信講座にして稼ぐ法』『チーズはここにあった！』シリーズがある。

チーズはここにあった！
50歳からのZoomで
30日で180万円を稼ぐ！

2021年1月6日第1刷発行

著　者　小林 敏之

発行所　㈱三楽舎プロダクション
〒170-0005　東京都豊島区南大塚3-53-2
大塚タウンビル3階
電話：03-5957-7783
FAX：03-5957-7784

発売所　星雲社（共同出版社・流通責任出版社）
〒112-0005　東京都文京区水道1-3-30
電話：03-3868-3275
FAX：03-3868-6588

印刷所　創栄図書印刷
装幀　Malpu Design（清水良洋）
DTP制作　CAPS

万一落丁、乱丁などの不良品がございました際にはお取替えいたします。
ISBN 978-4-434-28388-8　c2034

三楽舎プロダクションの目指すもの

三楽舎という名称は孟子の尽心篇にある「君子に三楽あり」という言葉に由来しています。

孟子の三楽の一つ目は父母がそろって健在で兄弟に事故がないこと、二つ目は自らを省みて天地に恥じることがないこと、そして三つ目は天下の英才を集めて若い人を教育することと謳われています。

この考えが三楽舎プロダクションの根本の設立理念となっています。

生涯学習が叫ばれ、社会は少子化、高齢化さらに既存の知識が陳腐化していき、われわれはますます生きていくために、また自らの生涯を愉しむためにさまざまな知識を必要としています。

この知識こそ、真っ暗な中でひとり歩まなければならない人々の前を照らし、導き、激励をともなった勇気を与えるものであり、殺風景にならないように日々の時間を彩るお相手であると思います。

そして、それらはいずれも人間の経験という原資から繭のごとく紡ぎ出されるものであり、そうした人から人への経験の伝授こそ社会を発展させてきた、そしてこれからも社会を導いていくものなのです。

三楽舎プロダクションはこうしたなかにあり、人から人への知識・経験の媒介に関わり、社会の発展と人々の人生時間の充実に寄与するべく活動してまいりたいと思います。

どうぞよろしくご支援賜りますようお願い申しあげます。

三楽舎プロダクション一同